Carola Riß-Tafilaj

Zigeuner Orakelkarten
Lehrbuch zum Kartenlegen

Wort + Ton Verlagshaus

Die in dieser Broschüre genannten Empfehlungen, Informationen und Hinweise sind als Anregung gedacht und als solche von der Autorin sorgfältig erwogen, inhaltlich kontrolliert und so weit wie möglich erprobt. Eine Garantie kann dennoch nicht übernommen werden oder eine medizinische oder psychologische Beratung ersetzen. Eine Haftung der Autorin für Gebrauch oder Missbrauch der Informationen in diesem Buch sowie Personen-, Sach- oder Vermögensschäden ist ausgeschlossen.

Bei den Illustrationen handelt es sich um das Kartendeck
„Altes Zigeunerorakel"
ISBN 978-3-89875-902-1

Die Verwendung der Kartenbilder erfolgt mit freundlicher Genehmigung des
Königsfurt-Urania-Verlags Krummwisch, © Lo Scarabeo, Turin.
www.tarot-online.com

Die Deutsche Bibliothek verzeichnet diese Publikation in der Deutschen Nationalbibliografie; detaillierte bibliografische Daten sind im Internet unter http://dnb.ddb.de abrufbar.

© 2013 by Wort + Ton Verlagshaus, Carola Riß-Tafilaj, 4. Auflage,
www.wort-ton-verlagshaus.de
Herstellung: Books on Demand GmbH, Norderstedt

Lektorat: Elisabeth Teutsch

Alle Rechte vorbehalten; Printed in Germany 2013

Das gesamte Werk ist im Rahmen des Urheberrechtsgesetzes geschützt. Jegliche von der Autorin nicht genehmigte Verwertung ist unzulässig. Dies gilt auch für die Verbreitung durch Film, Funk, Fernsehen, fotomechanische Wiedergabe, Tonträger jeder Art, elektronische Medien sowie Übersetzung oder auszugsweisen Nachdruck.

Print: ISBN 978-3-9813645-0-7 | eBook: ISBN 978-3-9814341-6-3

INHALTSVERZEICHNIS
36 Hauptkarten und Häuser

Vorwort 7
1 Grossherr 9
2 Ehefrau 10
3 Hochzeit 11
4 Versammlung 12
5 Witwer 13
6 Alte Dame 14
7 Brief 15
8 Falschheit 16
9 Trost 17
10 Reise 18
11 Überraschung 19
12 Jugendliche 20
13 Goldmünzen 21
14 Melancholie 22
15 Liebe 23
16 Gedanke 24
17 Geschenk 25
18 Kind 26
19 Tod 27
20 Heim 28
21 Zimmer 29
22 Militärsperson 30
23 Priester 31
24 Dieb 32
25 Gelehrter 33
26 Glück 34
27 Kaufmann 35
28 Warten 36
29 Gefängnis 37
30 Botschafter 38
31 Doktor 39
32 Kummer 40
33 Verzweiflung 41
34 Dienst 42
35 Konstanz 43
36 Hoffnung 44

Hauptkarten mit Nuancen

Kinder 46
Liebe & Freundschaft 47
  37 Treue
  38 Freundin
  39 Liebende
  40 Liebender
Falschheit 48
  41 Feindin
  42 Feind
Arbeit 49
  43 Dienerin
Gesundheit 50
  44 Kranker
Kommunikation 51
  45 Heiterkeit
  46 Konversation
  47 Fröhlichkeit
Melancholie 52
  48 Seufzer
  49 Unheil
Charakter 53
  50 Hochmut
  51 Leichtfertigkeit
  52 Geniesser

Legesysteme 54

Schlusswort 59

VORWORT

Jeder interessierte Mensch kann das Deuten der Karten erlernen. Dieses Lehrbuch vermittelt dafür das nötige Grundwissen.

Das Kartenset „Zigeuner Orakelkarten" ist ein umfangreiches und tiefgründiges Hilfsmittel zur Lebensberatung für alle Bereiche. Trotz der historisch anmutenden Bilder ist die Symbolik der Bilder bis in die heutige Zeit gültig und anwendbar.

Folgende Systematik liegt dem Kartenset zugrunde:

6 Personenkarten mit 3 Generationen
5 Kinderkarten
3 Partnerschaftskarten
4 Berufskarten
3 Finanzkarten
2 Gesundheitskarten.

Alle anderen Karten sind weitere allgemeine Themenkarten.

Es wurde in diesem Lehrbuch bewusst auf einen umfangreichen Beschreibungstext der Karten verzichtet und statt dessen eine stichwortartige Bezeichnung für Symbolik, Charakter, Beruf, Zeit und Gesundheit gewählt. Ziel dieses Taschenbuches ist es, die Intuition des Nutzers anzuregen und ein langjähriges Nachschlagewerk auch für professionelle Kartenleger zu sein.

Die Beschreibungen der Karten erheben keinen Anspruch auf Vollständigkeit, sondern bilden die Grundlage, um noch viele weitere - für jeden Kartenleger persönliche - Bezeichnungen zu finden.

1 GROSSHERR

Symbol
Stärke & Verstand

Art
Personenkarte
Hauptperson/Fragesteller männlich
ohne Altersangabe
positiv

Schlüsselwörter
Wille, Idee, Impuls, Durchsetzung, Tatkraft, Tradition, Schutz, Aggression, Ausdauer, Aufrichtigkeit, Entschlossenheit, Identität, Vitalität, Begleiter

Eigenschaften
standhaft, kraftvoll, souverän, zupackend, offen, selbstbewusst, geachtet, ursprünglich, schöpferisch, mutig, stolz, lebhaft, elegant, siegreich

über HP – seine Gedanken
unter HP – was er hat oder ist
vor HP – was ihm wichtig ist
hinter HP – was ihn nicht interessiert

Berufshaus
mit Kraft und Ausdauer, Person steht mit beiden Beinen fest im Beruf, Standhaftigkeit

Berufe
Männerberufe, welche Kraft, Entschlossenheit und Ideen brauchen

Zeit keine

Gesundheit
männliche Geschlechtsorgane, z. B. Prostata

2 EHEFRAU

Symbol
Sensibilität & Werte

Art
Personen- und Kinderkarte (6 bis 10 Jahre)
Hauptperson/Fragestellerin weiblich
ohne Altersangabe
positiv

Schlüsselwörter
Emotionalität, Einfühlungsvermögen, Taktgefühl, Benehmen, Kooperation, Anhänglichkeit, Anstand, Moral

Eigenschaften
anmutig, feinfühlig, anpassungsfähig, höflich, hilfreich, praktisch, verständnisvoll, sanft, vorsichtig, mütterlich, vereinigend, vorausschauend

über HP – ihre Gedanken
unter HP – was sie hat oder ist
vor HP – was ihr wichtig ist
hinter HP – was sie nicht interessiert

Berufshaus
bei dem es um Genauigkeit, Feingefühl, Fingerfertigkeit, Erziehung und Weitsicht geht

Berufe
EDV, Uhrmacher, Goldschmied, Chirurg, Lehrerin

Zeit keine

Gesundheit
weibliche Geschlechtsorgane, z. B. Gebärmutter, Eierstöcke

3 HOCHZEIT

Symbol
Bindung & Verpflichtung

Art
Themenkarte Liebe

positiv

Schlüsselwörter
Ehe, Lebensgemeinschaft, Liebe, Bindungen an Geschäfte/Beruf/Verträge, Geschäftsverbindung, Verantwortung, Versprechen, Loyalität

Eigenschaften
gebunden, bindungswillig, verbindlich, ehrlich, charismatisch, energisch, lebendig, treu, zugehörig

über HP – denkt an die Partnerschaft/Hochzeit
unter HP – hat eine Partnerschaft, fühlt sich verbunden
vor HP – ihm/ihr ist die Partnerschaft wertvoll
hinter HP – interessiert sich nicht für die Partnerschaft

Berufshaus
Familienbetrieb, mit dem Beruf verheiratet, mit Herz bei der Sache, beruflich gebunden

Berufe
Paar- und Familientherapeut, Haushälterin, Butler, Gärtner

Zeit 5 bis 7 Jahre

Gesundheit
Herz, Kreislauf, Blutdruck, Herzrhythmus, Lebensenergie

4 VERSAMMLUNG

Symbol
Treffen & Kommunikation

Art
Themenkarte Liebe

positiv

Schlüsselwörter
Kommunikation (verbal), Begegnung, Verabredung, Gesellschaft, Kontakte, Teilnahme, Gelegenheit, Zusammentreffen, Party, Einladung

Eigenschaften
kommunikativ, offen, gesellig, freundlich, erotisch, lustig, oberflächlich

über HP – denkt daran, eine Verabredung einzugehen
unter HP – hat ein Treffen vereinbart
vor HP – erwartet ein Treffen
hinter HP – ist an Kommunikation nicht interessiert

Berufshaus
Besprechung, Mitarbeitergespräch, Aussprache, Vereinbarung, Arbeitsvertrag, berufliche Verbindung

Berufe
mit Kommunikation und Unterhaltung, Redner, Dozent, Berater, DJ, Schauspieler, Politiker, Telefonist, Verkäufer

Zeit Frühjahr, 14 Tage

Gesundheit
Hals, Kehlkopf, Mandeln, Rachen, Stimmbänder (auch Sprachfehler)

5 WITWER

Symbol
Kompetenz & Erfahrung

Art
Personenkarte
Vater, Bruder, Onkel, Schwiegervater
Alter 40 Jahre aufwärts
positiv

Schlüsselwörter
Erfahrung, Wärme, Gutmütigkeit, Stärke, Vaterfigur, Vertrauen, Dominanz, Geduld, Geborgenheit, Souveränität, Autorität

Eigenschaften
beschützend, geduldig, erfahren, reif, gutmütig, wirkt älter, verlässlich, imposant, gelassen, würdevoll, fürsorglich, kompetent, ruhig

über HP – denkt an den Vater
unter HP – ist Vater und wirkt älter
vor HP – wird mit einem älteren Herren …
hinter HP – ihn interessiert eine ältere Person nicht

Berufshaus
älterer Arbeitskollege, man ist zu gutmütig im Beruf, Chef, Vorgesetzter, Kunde

Berufe
mit Erfahrungsschatz und Kenntnissen, Mentor, Ingenieurwesen, Spezial- und Tiefbau

Zeit   Winter

Gesundheit
Haut und Haare, Allergie, Schuppenflechte, trockene Haut, Akne, Furunkel

6 ALTE DAME

Symbol
Intuition & Weisheit

Art
Personenkarte
Mutter, Schwester, Tante, Schwiegermutter
Alter 40 Jahre aufwärts
positiv

Schlüsselwörter
Verständnis, Mitgefühl, Schönheit, Ästhetik, Überzeugung, Intelligenz, Aufmerksamkeit, Hellsicht, Kompetenz, Emotionen

Eigenschaften
liebevoll, selbstsicher, bewusst, authentisch, mutig, wahrhaftig, weise, besonnen, wehrhaft, klar, intuitiv, gefühlvoll, erfahren

über HP – denkt an die Mutter
unter HP – ist intuitiv und folgt ihrem Gefühl
vor HP – wird mit einer älteren Frau …
hinter HP – kein Interesse an einer älteren Frau

Berufshaus
ältere Arbeitskollegin, feinfühlige und intuitive Tätigkeit, Chefin, Vorgesetzte, Kundin

Berufe
mit Inspiration, Kreativität und Intuition, Hellfühligkeit, Erfahrung, Lebensberatung

Zeit 28 Tage, Mondphasen

Gesundheit
Knie, Meniskus, Oberschenkel

7 BRIEF

Symbol
Nachrichten & Information

Art
Themenkarte

positiv

Schlüsselwörter
Kommunikation (nonverbal), schriftliche Einladung, Fax, Internet, E-Mail, Anzeigen, Vertrag, Dokument, Information, Bücher, Zeitschriften

Eigenschaften
kommunikativ, vermittelnd, kontaktfreudig, sprachgewandt, ausdrucksstark, poetisch

über HP – denkt an eine Nachricht/Dokument
unter HP – ist kontaktfreudig
vor HP – Nachricht kommt in Kürze
hinter HP – kein Interesse an Kontakt/Kommunikation

Berufshaus
Angebote, Bewerbungen, berufliche Mitteilungen, geschäftliche Einladungen oder Dokumente

Berufe
mit der Sprache in Wort & Schrift, Autor, Lektor, Redakteur, Sekretärin, Medienbranche, Journalist

Zeit   innerhalb von 7 Tagen

Gesundheit
Krankmeldung, Krankenschein, Befunde

8 FALSCHHEIT

Symbol
Das Unbewusste & Wachsamkeit

Art
Themen- und Tierkarte

negativ

Schlüsselwörter
etwas läuft falsch, Lüge, Hinterlist, Missgunst, Eifersucht, Ausreden, Verrat, Neid, Heimlichkeit, Seitensprung, Schmeichelei; Aufmerksamkeit, Freiheit

Eigenschaften
vorsichtig, schlau, falsch, listig, intelligent, auf eigenen Vorteil bedacht, misstrauisch, rätselhaft, undurchsichtig, freiheitsliebend, individuell, scheinheilig

über HP – denkt falsch an etwa oder jemand
unter HP – ist eifersüchtig oder nicht ehrlich
vor HP – in Kürze passiert ein Fehler
hinter HP – glaubt an die Wahrheit

Berufshaus
falscher Job, schlechtes Betriebsklima, neidischer Kollege, falsches Vorhaben oder Firma, falsche Einstellung

Berufe
die der Wahrheit dienen; Staatsanwalt, Rechtsanwalt, Detektiv, illegale Geschäfte

Zeit   falscher Zeitpunkt, nachts bzw. nachtaktiv

Gesundheit
undefinierbare oder eingebildete Krankheit, falsche oder unbestimmte Diagnose

9 TROST

Symbol
Veränderung & Aufbruch

Art
Themenkarte
Entfernungskarte: bis 100 km
positiv

Schlüsselwörter
Umzug, göttliche Fügung, Wandlung, Änderung, Aufbruch, Nervosität, Schutz, Sieg, Entwicklung, Wechsel; **links:** Stagnation, rechts: Wachstum

Eigenschaften
wankelmütig, wechselhaft, flexibel, fortschrittlich, vorantreibend, beweglich, kühn, ehrgeizig

über HP – denkt über Veränderung nach
unter HP – ist wankelmütig/flexibel
vor HP – in Kürze kommt die Veränderung in …
hinter HP – kein Interesse an Veränderung

Berufshaus
Arbeitsplatzwechsel, innerbetriebliche Veränderung, Firma zieht um, Umstrukturierungen

Berufe
mit Abwechslung, Veränderung und Flexibilität im Tätigkeitsbereich

Zeit   unberechenbar, schneller als erwartet

Gesundheit
Bewegungsapparat, Hüfte, Gelenke

10 REISE

Symbol
Reisen & Fahrzeug

Art
Themen- und Tierkarte
Entfernungskarte: bis 50 km
positiv

Schlüsselwörter
alle Fahrzeuge: Fahrrad, Pkw, Lkw, Motorrad, Traktor, Flugzeug; Bewegung, Unternehmungen, Tour, Abenteuer, Dynamik, Edelmut

Eigenschaften
beweglich, sportlich, aktiv, temperamentvoll, es geht voran, abenteuerlustig, schnell, sprunghaft, ausdauernd

über HP – kann nicht abschalten
unter HP – ist sehr beweglich/temperamentvoll/sportlich
vor HP – in den nächsten Wochen kommt etwas voran
hinter HP – es wird ruhiger werden

Berufshaus
Reisetätigkeit, Geschäftsreise, Dienstreise, viel unterwegs sein, es kommt beruflich etwas in Bewegung

Berufe
Lkw-Fahrer, Taxifahrer, Busfahrer, Kfz-Mechaniker, Monteur, Kurierdienst, Pilot, Handelsvertreter, Transportgewerbe

Zeit   10 Tage

Gesundheit
Motorik des gesamten Körpers, Muskeln

11 ÜBERRASCHUNG

Symbol
Viel Geld & Ansehen

Art
Finanzkarte

positiv

Schlüsselwörter
Reichtum, Überfluss, materielle Werte, Luxus, Loslassen, Manifestation, Gewinn, **links:** es ist viel Geld zu bezahlen; **rechts:** es kommt viel Geld

Eigenschaften
materiell, kann nicht loslassen, gefühllos, besitzergreifend, spekulativ, gierig, lukrativ, nutzlos

über HP – denkt an Besitz/Geld
unter HP – ist materiell eingestellt, klammert sich an Besitz
vor HP – wird Geld erhalten, Besitz ist sehr wichtig
hinter HP – Ansehen und materielle Werte sind nicht wichtig

Berufshaus
gut bezahlte Arbeit, man hält unter allen Umständen an der Arbeit fest, Sammelleidenschaft

Berufe
bei denen es um Finanzen geht, Börsenmakler, Spekulant, Aktionär, Privatier, Geschäftsmann bzw. -frau, Investor, Steuerberater

Zeit   bis 5 Jahre

Gesundheit
Wasseransammlungen im Körper

12 JUGENDLICHE

Symbol
Wünsche & Zufriedenheit

Art
Kinderkarte
Tochter, Schwester, Enkelin
Alter 10 bis 19 Jahre
positiv

Schlüsselwörter
Wellness, Verliebtheit, Unbeschwertheit, Gestaltung, Jugend, Schönheit, Emotion, seelischer Reichtum, Visionen, Dankbarkeit, Genuss

Eigenschaften
kreativ, gefühlvoll, charmant, liebenswürdig, vielfältig, verführerisch, schöpferisch, freundlich, leidenschaftlich, unbeschwert

über HP – denkt an eine weibliche Person
unter HP – ist kreativ und schöpferisch
vor HP – Zufriedenheit wird sich in Kürze einstellen
hinter HP – die letzte Zeit war man sehr kreativ und zufrieden

Berufshaus
junge Kollegin oder Chefin, ist im/mit Beruf zufrieden

Berufe
die der Schönheit und des Wohlbefindens dienen, Kosmetik, Maniküre, Podologie, Wellness, Massagen, Kunst

Zeit   7 bis 9 Wochen

Gesundheit
Brust und Brustdrüsen

13 GOLDMÜNZEN

Symbol
Sicherheit & Finanzen

Art
Finanz- und Bankkarte

positiv

Schlüsselwörter
Bank und -geschäfte, Girokonto, Geldanlagen, Aktien, Börse, Spekulationen, Darlehen, Kredit, Hypotheken, Sparbuch, Bankbürgschaften,

Eigenschaften
risikofreudig, sparsam, materiell, hierarchisch, strukturiert, stabil, sicher, gewissenhaft, penibel

über HP – denkt an die Finanzen
unter HP – hat immer einen Notgroschen
vor HP – in den nächsten 4 Wochen wird finanziell …
hinter HP – vor kurzer Zeit hatte man finanzielle Schwierigkeiten

Berufshaus
Arbeit ist sicher und gut bezahlt, Arbeit bei einem Finanz-, Versicherungs- oder Investmentinstitut

Berufe
in Verbindung mit Bank und Börse: Bankangestellter, Kundenberater, Makler, Verwalter, Spekulant, Investmentbanker

Zeit keine

Gesundheit
Krebs, Geschwülste, Myome, Zysten

14 MELANCHOLIE

Symbol
Psyche & Blockade

Art
Themen- und Zeitkarte

negativ

Schlüsselwörter
Traurigkeit, Probleme, Verlust, Schmerzen, Enttäuschung, Einschränkung, Frust, Hindernis, Hemmung, Aufgabe, Inaktiv, Verzögerungen

Eigenschaften
anstrengend, unbeweglich, langsam, gefühllos, innehaltend, allein, ausweglos, kraftlos, schwerfällig, pessimistisch, grübeln

über HP – Gedanken finden keinen Ausweg
unter HP – ist seelisch und körperlich blockiert
vor HP – in Kürze kommt Stagnation
hinter HP – in letzter Zeit gab es Belastungen

Berufshaus
Arbeit ist sehr belastend, Mobbing, berufliche Probleme, Geschäfte stagnieren

Berufe
die sich mit der Psyche und dem Menschen beschäftigen, Psychologie, Physiotherapeut, Pfarrer, Seelsorge

Zeit verzögernd, 3 bis 6 Monate, Herbst

Gesundheit
Depression, alle psychosomatischen Krankheiten

15 LIEBE

Symbol
Liebe & Erotik

Art
Themenkarte Liebe

positiv

Schlüsselwörter
Harmonie, Zweisamkeit, Erotik, Beziehung, Partnerschaft, Energie, Herz, Zuneigung, Sexualität, Aufrichtigkeit, Zärtlichkeit

Eigenschaften
pulsierend, energetisch, liebevoll, nährend, bindungswillig, herzlich, großzügig, treu, loyal, friedlich, gefühlvoll

über HP – denkt an Liebe und Sex
unter HP – ist liebevoll eingestellt
vor HP – Liebe kommt in Kürze
hinter HP – vor Kurzem war man verliebt

Berufshaus
geschäftliche Vertragsbeziehung oder Partnerschaft (Sozietät), Kennenlernen über den Beruf, man liebt die Arbeit

Berufe
mit Liebe zum Menschen, Management, Organisation, geschäftliche Partnerschaften, Bordell, Tantra-Massage und Prostitution, Gynäkologie

Zeit kurz, nicht berechenbar, der richtige Zeitpunkt

Gesundheit
Geschlechtskrankheiten, Unterleib

16 GEDANKE

Symbol
Pläne & Urteil

Art
Themenkarte

neutral

Schlüsselwörter
Ideen, Nachdenken, innere Einkehr, Eremit, Abwägen, Befragen, Beurteilen, Vorstellungskraft, Zeit, Vergänglichkeit, Mystik, Bildung, Unsterblichkeit

Eigenschaften
einsichtig, planend, vorsichtig, vorausschauend, nachdenklich, gebildet, tiefgründig, edel, zurückhaltend

über HP – macht Pläne über ...
unter HP – ist in sich gekehrt und abwesend
vor HP – es kommen Ideen über ...
hinter HP – vor Kurzem machte man Pläne

Berufshaus
Gedanken an berufliche Pläne, Arbeit im geistigen und mystischen Bereich

Berufe
in denen exakte Planung notwendig ist, Ingenieur, Architekt, Philosoph, Professor, Doktor

Zeit 4 bis 6 Wochen

Gesundheit
Kopfschmerzen, Hirnanhangdrüse, Mund, Hals, Nacken

17 GESCHENK

Symbol
Freude & Anerkennung

Art
Themenkarte

positiv

Schlüsselwörter
Zierde, Dekoration, Lob, Schönheit, Mitgift, Ausgleich, Schmuck, Metall, Reichtum, Herrschaft, feierlicher Anlass, Ehrung

Eigenschaften
dekorativ, gebend, wohlwollend, feierlich, ausgelassen, schöngeistig, kulturell, ausgeglichen, belastend, hermetisch verschlossen

über HP – denkt sehr positiv
unter HP – ist temperamentvoll und talentiert
vor HP – etwas Fröhliches kommt auf einen zu
hinter HP – die innere Fröhlichkeit ist verloren gegangen

Berufshaus
Anerkennung im Beruf, Beförderung

Berufe
Berufe mit Handelsware, Kunsthändler, Warenhändler, Antiquitätenhändler, Unterhändler, Groß- und Einzelhandel, Makler

Zeit keine

Gesundheit
Selbstheilungskräfte

18 KIND

Symbol
Kindheit & Neubeginn

Art
Kinderkarte
Altersangabe 0 bis 5 Jahre
positiv

Schlüsselwörter
Geburt, Kindheit, das innere Kind, Naivität, Schöpfung, Moment, Neubeginn, Unschuld, Einfachheit

Eigenschaften
sorglos, klein, ungeniert, unbekümmert, lebenshungrig, neugierig, zierlich, schöpferisch, sinnlich, kindlich, naiv

über HP – denkt an einen Neubeginn oder an ein Kind
unter HP – ist schöpferisch oder naiv
vor HP – wird in Kürze neu starten
hinter HP – hatte einen Neubeginn

Berufshaus
Neustart, neue Arbeit, innerbetrieblich neue Aufgabe

Berufe
mit Kindern bis 5 Jahre, Hebamme, Jugendamt, Kinderkrankenschwester, Kinderärztin, Kindererzieher

Zeit Gegenwart, augenblicklich

Gesundheit
Kinderkrankheiten: Röteln, Mumps, etc.

19 TOD

Symbol
Trennung & Transformation

Art
Themenkarte

negativ

Schlüsselwörter
Trauer, Scheidung, Beendigung, Wiedergeburt, Verwandlung, Erbe, Übergang, Vermächtnis, Erlösung, Wahrnehmung, Transzendenz, Veränderung

Eigenschaften
tiefgründig, wechselhaft, lethargisch, freiheitsliebend, traurig, weise, grausam, zerstörerisch, hoffnungslos, unbewusst

über HP – denkt an eine Trennung
unter HP – trennt sich von …
vor HP – ist in einer Trennungsphase
hinter HP – vor Kurzem wurde eine Trennung vollzogen

Berufshaus
einvernehmlich Beendigung des Arbeitsverhältnisses, Trennung vom Arbeitgeber oder Wechsel der Branche durch eigenen Entschluss

Berufe
Totengräber, Bestattungsinstitut, Friedhofsarbeit, Reinkarnationstherapeut, Schrotthandel

Zeit Ostern, Sonnensommerwende, ewig

Gesundheit
schwere, langanhaltende Krankheit, Ohnmacht

20 HEIM

Symbol
Eigentum & Selbstständigkeit

Art
Themenkarte

positiv

Schlüsselwörter
Eigentum (Wohnung/Haus/Grundstück), Liegenschaft, Besitz, Stabilität, Anwesen, Elternhaus, Führungsqualitäten, Familie, Geborgenheit

Eigenschaften
stabil, strukturiert, fundamental, unbeweglich, gebunden, bodenständig, praktisch, existenziell, materiell, selbstbewusst, einengend

über HP – denkt an den Besitz
unter HP – ist stabil und/oder besitzergreifend
vor HP – die Familie ist sehr wichtig
hinter HP – lebt von der Familie sehr zurückgezogen

Berufshaus
Selbständigkeit, Tätigkeit mit Führungsverantwortung, Führungsposition, Management

Berufe
alle leitenden Berufe, Abteilungsleiter, Gruppenleiter, Direktor, Vorstand, Immobilienwirtschaft, Hausverwalter

Zeit   sehr lange, über Generationen hinweg

Gesundheit
erblich bedingte Krankheiten

21 ZIMMER

Symbol
Privatsphäre & Zuhause

Art
Themenkarte

positiv

Schlüsselwörter
Wohnung innen, Familie, Lebensraum, Innenleben, Lebensführung, innere Regeln, Lebensmittelpunkt, Rückzug, die innere Uhr

Eigenschaften
zögerlich, gemütlich, ruhig, häuslich, schüchtern, familiär, vertrauenswürdig, authentisch, unbeweglich, faul

über HP – denkt an die Familie
unter HP – ist ein Stubenhocker
vor HP – das Privatleben wird in der nächsten Zeit wichtig
hinter HP – das Zuhause ist nicht wichtig

Berufshaus
das eigene Büro zu Hause, Home Office, Heimarbeit, Familienbetrieb, Hausarbeit, Arbeitslosigkeit

Berufe
Reinigungsfrau, Aupair, Heimarbeit, Mithilfe im Familienbetrieb, Möbelhaus, Innenausstattung

Zeit 1 bis 31 Tage

Gesundheit
Immunsystem, ansteckende Krankheit, z. B. Grippe

22 MILITÄRSPERSON

Symbol
Disziplin & Ehrgeiz

Art
Kinderkarte
Sohn, Bruder, Enkel, Neffe
ab 10 bis 19 Jahre
positiv

Schlüsselwörter
Herausforderung, Meisterschaft, Ordnung, Regeln, Ausdauer, Sicherheit, Stabilität, Kameradschaft, Durchsetzungsfähigkeit, Aktivität

Eigenschaften
freundschaftlich, zuverlässig, strukturiert, berechenbar, ausdauernd, streng, aufopfernd, loyal, schematisch, begrenzt, fleißig, sportlich, beharrlich

über HP – Gedanken sind festgefahren
unter HP – ist diszipliniert und zuverlässig
vor HP – in Kürze trifft man die Person …
hinter HP – Person hat eine jugendliche Ausstrahlung

Berufshaus
Kollege, Teamplayer, Angestellter, Organisator

Berufe
die an der Arbeitskleidung erkannt werden, Arzt, Soldat, Polizist, Zahnarzt, Feuerwehr, Zöllner etc.

Zeit 18 Monate

Gesundheit
Arzt/-besuch

23 PRIESTER

Symbol
Entscheidung & Gerechtigkeit

Art
Themenkarte

neutral

Schlüsselwörter
Orientierung, Weisheit, Klarheit, Gericht, Berufung, Überzeugung, Harmonie, Glaube, Weltanschauung, innere Einkehr, Sinnsuche, Friede

Eigenschaften
mit sich selbst ins Gericht gehen, bereuen, beichten, selbstlos, religiös, treu bleiben, selbstkritisch, friedlich, ausgeglichen

über HP – denkt an eine Entscheidungen zur Existenz
unter HP – ist entscheidungsfreudig bei …
vor HP – wird in Kürze eine Entscheidung treffen …
hinter HP – vor Kurzem wurde eine Entscheidung getroffen

Berufshaus
berufliche Entscheidung, Geschäftsprozess, Gericht, Institution, Behörde, Öffentlichkeit

Berufe
der staatlichen oder kirchlichen Obrigkeit, Pfarrer, Diakon, Richter, Staatsanwalt, Beamter, Ordnungsamt

Zeit keine

Gesundheit
Wirbelsäule

24 DIEB

Symbol
Angst & Verlust

Art
Themenkarte

negativ

Schlüsselwörter
Pechsträhne, Diebstahl, Fremdgehen, Grenzverletzung, Ausbeutung, Gefahr, Einbruch, Raubbau, Feigheit, Hintergedanke

Eigenschaften
ängstlich, zurückhaltend, respektlos, schutzlos, unehrlich, gefährlich, rücksichtslos, kriminell

über HP – denkt mit Angst an eintretende Verluste
unter HP – ist ängstlich eingestellt
vor HP – wird in Kürze Verluste haben in …
hinter HP – Verluste wurden begrenzt

Berufshaus
im Beruf unglücklich, Vertragsbruch, Verlust des Arbeitsplatzes, **rechts:** Kündigung durch Arbeitgeber; **links:** Arbeitsverhältnis wird selbst gekündigt

Berufe
illegale Arbeit, Scharlatan, unehrliche Geschäfte, Verbrecher, Zerstörer, Einbrecher

Zeit plötzlich, unerwartet, unverhofft, verlorene Zeit

Gesundheit
Operation, ärztlicher Eingriff, Vitaminmangel

25 GELEHRTER

Symbol
Karriere & Theorie

Art
Arbeitskarte (geistige Arbeit)

positiv

Schlüsselwörter
höhere Schulbildung, Studium, Erfolg, Pension, Intelligenz, Versicherung, Beförderung, Geheimnis, Lernprozess, Weiterbildung, Seminare

Eigenschaften
erfahren, intelligent, ehrenhaft, erfolgreich, gebildet, belesen, angesehen, geheimnisvoll, klug, verantwortungsvoll

über HP – denkt an die Ausbildung, Erfolg bzw. Rente
unter HP – ist intelligent und erfolgreich
vor HP – Erfolg wird sich in Kürze einstellen
hinter HP – in letzter Zeit hatte man Erfolg mit …

Berufshaus
erfolgreiche Arbeit, Karriere, Pensionierung, innerbetriebliche Weiterbildung, Wissen

Berufe
alle Lehrberufe, Berufe mit höherem Ausbildungsgrad und akademischem Grad, Lehrer, Dozenten, Diplome, Professur, Doktor

Zeit keine

Gesundheit
Kurhaus, Rehabilitation, Sanatorium

26 GLÜCK

Symbol
Erfolg & Schicksal

Art
Themenkarte
(schwächt negative Karten um 50 % ab)

positiv

Schlüsselwörter
Zukunft, Fruchtbarkeit, Spiritualität, unverhoffte Fügung, Begnadigung, Ganzheit, Erlösung, Heilung, Glückskind, Versöhnung

Eigenschaften
launenhaft, schicksalhaft, vertrauensvoll, entspannt, unbekümmert, hoffnungsvoll, zuversichtlich, großzügig, optimistisch, erfolgreich

über HP – denkt an sein Glück und Schicksal
unter HP – fühlt sich glücklich bei …
vor HP – es kommt glückliche Fügung bei …
hinter HP – hatte eine Glückssträhne

Berufshaus
glücklich im Beruf, sehr positive Geschäfte, glückliche Wendung, Begünstigungen

Berufe
alle Berufe der Luftfahrt; im spirituellen Bereich: Reinkarnation, Heiler, Schamane, Astrologe, Numerologe, Kartenleger

Zeit   kurz, schnell, unverhofft, Sommer

Gesundheit
lindert Krankheiten um 50 % ab, Selbstheilungskraft

27 KAUFMANN

Symbol
Zugewinn & Unerwartetes

Art
Finanzkarte
links: es ist Geld zu bezahlen
rechts: es wird Geld unerwartet bezahlt
positiv

Schlüsselwörter
Rückzahlungen, kleiner Geldbetrag, Versicherung, das Unverhoffte, Handel, Gewinn, An- und Verkauf

Eigenschaften
geschäftstüchtig, praktisch, handlungsfähig, umsetzungsfähig, freudig, berechnend

über HP – denkt über die Geschäfte/Handel nach
unter HP – ist geschäftstüchtig und praktisch in …
vor HP – wird unverhofft Geld erhalten
hinter HP – Geschäfte sind nicht wichtig

Berufshaus
Nebenjob, Teilzeitjob, Lohnerhöhung, Kaufverträge, An- und Verkauf, Handel

Berufe
alle kaufmännischen Berufe, Bürokaufmann, Handelskaufmann, Verkäufer, Einzelhandelskaufmann, Sekretär/-in, Sachbearbeiter/-in

Zeit in Kürze, unerwartet, max. 2 Wochen

Gesundheit
Augen

28 WARTEN

Symbol
Geduld & Lebensziel

Art
Themen- und Zeitkarte

positiv

Schlüsselwörter
Sehnsucht, Hoffnung, Wünsche, Erwartung, Zeitpunkt, Fernweh, Überblick, Vorausschau, Ziel, Lebensplan, Visionen

Eigenschaften
geduldig, furchtlos, abwartend, von oben betrachtend, weitsichtig, ruhig, zögerlich, sehnsüchtig, nachdenklich

über HP – denkt ungeduldig an …
unter HP – ist sehr ungeduldig auf …
vor HP – wird in ca. 3 Monaten ….
hinter HP – ist sehr ungeduldig

Berufshaus
Erwartungen im Arbeitsbereich, Berufswunsch, berufliche Ziele, in freudiger Erwartung von …

Berufe
im therapeutischen Bereich und alle Heilberufe

Zeit   3 Monate

Gesundheit
langsame Genesung

29 GEFÄNGNIS

Symbol
Existenz & Verbannung

Art
Themenkarte

negativ

Schlüsselwörter
Behörde, großes Gebäude, Isolation, Hemmung, Stagnation, harte und karge Zeit, Befangenheit, Geheimnis, Enge, Einschränkung, Einengung, Einsamkeit

Eigenschaften
verschlossen, befangen, gefangen, kurzsichtig, unbeweglich, starr, traurig, einsam, unsicher, ängstlich, gehemmt

über HP – hat Existenzangst wegen ...
unter HP – ist gehemmt und einsam
vor HP – eine Sache stagniert; man sieht keine Zukunft
hinter HP – eine karge Zeit geht zu Ende

Berufshaus
keine berufliche Verwirklichung möglich, zu sehr an den Betrieb/Arbeit gebunden

Berufe
in einer Behörde bzw. großen Gebäuden, z. B. Hotel; auch ungelernte Arbeit, Hilfsarbeiten

Zeit Stillstand

Gesundheit
Kur, Krankenhaus, Psychiatrie, Betreutes Wohnen, Pflegeheim

30 BOTSCHAFTER

Symbol
Amtliche Zustellung & Gericht

Art
Themenkarte

positiv

Schlüsselwörter
Gericht, Urteil, Aufklärung, Anhörung, Entscheidung, Streit, Gerechtigkeit, Öffentlichkeit, Bekanntgabe, Trennung

Eigenschaften
streitsüchtig, schwatzhaft, be- und verurteilen, entscheidungsfreudig, konfliktfähig, überfordert

über HP – denkt an Trennung von ...
unter HP – ist streitsüchtig eingestellt
vor HP – es werden in Kürze Streitigkeiten kommen
hinter HP – Konflikte wurden überwunden

Berufshaus
Arbeitsvertragsänderung, berufliche Auseinandersetzungen, Arbeitsvertrag, Notarverträge, Rechtswesen

Berufe
in Verbindung mit dem Gericht und Amtspersonen, Staatsanwalt, Schöffe, Richter, Gerichtsvollzieher, Notar, Rechtsanwalt

Zeit 10 Tage

Gesundheit
Nervosität und Nervensystem

31 DOKTOR

Symbol
Stress & Unwohlsein

Art
Gesundheitskarte

negativ

Schlüsselwörter
Unwohlsein, Belastungen, Stress, etwas verläuft nicht nach Wunsch, Erholung, Probleme, kurze Krankheit, Auszeit

Eigenschaften
kränklich, gestresst, unwohl, ausruhen, innehalten, schwach, unruhig

über HP – Gedanken machen krank
unter HP – ist krank
vor HP – in nächster Zeit wird etwas nicht nach Wunsch verlaufen
hinter HP – Stress wurde überwunden

Berufshaus
beruflicher Stress, die Arbeit/Projekt verläuft nicht nach Wunsch, Arbeit macht krank, schlechte Arbeitsbedingungen

Berufe
im Gesundheitswesens, Ernährungsberatung, Alten- und Krankenpflege, Krankenschwester, Arzt

Zeit 14 Tage

Gesundheit
Ohren und Stress auslösende Krankheiten, Hörsturz, Gleichgewichtsstörung

32 KUMMER

Symbol
Probleme & Schwierigkeiten

Art
Themenkarte

negativ

Schlüsselwörter
Widerwärtigkeiten, Ärger, Notlage, Krisen, Bewältigung, Sorgen, Blockaden, verdrängte Gefühle, unausgesprochene Emotionen, Misserfolg

Eigenschaften
destruktiv, blockiert, verstandesorientiert, gefühllos, hineinfressen, stumm, wehrlos, gefühlskalt, verschlossen

über HP – zerbricht sich den Kopf
unter HP – ist blockiert und hilflos
vor HP – Schwierigkeiten kommen wegen …
hinter HP – Probleme wurden überwunden

Berufshaus
berufliche Sorgen, kein Vorankommen im Beruf, Mobbing

Berufe
bei denen Probleme und Krisen gemanagt werden müssen, Coaching, Personalberatung, Psychologe

Zeit keine

Gesundheit
Zähne, Mund, Rachen, Kiefer, Migräne, allgemeine Schwäche

33 VERZWEIFLUNG

Symbol
Zweifel & Betrug

Art
Themenkarte

negativ

Schlüsselwörter
Ansehen, Ehre, Ausweglosigkeit, Täuschung, Achtung, Würde, Schande, Trauer, Gesichtsverlust, Scham, Wertesystem, Furcht

Eigenschaften
blamiert, denunziert, betrogen, entwürdigt, entehrt, beleidigt, traurig, mutlos, ausweglos, wehrlos

über HP – denkt zu viel nach
unter HP – fühlt sich nicht würdig
vor HP – man sieht keinen Ausweg bei …
hinter HP – hat Zweifel überwunden

Berufshaus
etwas ist faul, Mobbing und Betrug im Beruf, starke berufliche Belastungen

Berufe
die Verborgenes aufdecken und der Gerechtigkeit dienen, auch Detektiv

Zeit   unerwartet, schnell

Gesundheit
Galle, Leber, Milz, Vergiftung, Burnout, Blackout

34 DIENST

Symbol
Arbeit & Praxis

Art
Arbeitskarte
(praktische/handwerkliche Arbeit)
positiv

Schlüsselwörter
typisch männliche Arbeit, Arbeitsvertrag, praktische Tätigkeiten, Handwerk, Aktivität, Kraft, Ausdauer

Eigenschaften
fleißig, aktiv, untertänig, gehorsam, zuvorkommend, kraftvoll, zupackend, unternehmenslustig, strebsam, beharrlich

über HP – denkt an die Arbeit
unter HP – ist aktiv und arbeitsam
vor HP – die Arbeit ist sehr wichtig
hinter HP – Arbeit und Verwirklichung sind nicht wichtig

Berufshaus
Arbeitsvertrag im Angestelltenverhältnis oder im Handwerk, tüchtig, praktisch, verlässlich, umsetzungsstark

Berufe
die Kraft und praktische Umsetzung benötigen, dem Handwerk zugehörig sind, z. B. Dachdecker, Fleischer, Gärtner, Maler, Maurer, Klempner

Zeit keine

Gesundheit
Hände, Arme und Gelenke

35 KONSTANZ

Symbol
Lebensweg & Neuorientierung

Art
Themen- und Zeitkarte

positiv

Schlüsselwörter
Lebensabschnitt, Unerschütterlichkeit, unveränderliche Werte, Fundament, Ziel, Aufbruch, Veränderung, Bestand

Eigenschaften
langfristig, kontinuierlich, beständig, fest, lang anhaltend, zielstrebig, geduldig, weitsichtig, vorausschauend

über HP – denkt über eine Neuorientierung nach
unter HP – ist beständig und zielstrebig eingestellt
vor HP – wird ein neuer Lebensabschnitt beginnen
hinter HP – ein Lebensabschnitt wurde beendet

Berufshaus
innerhalb von 2 Jahren erfolgt Berufs- und/oder Branchenwechsel

Berufe
die mit der Natur in Verbindung stehen, Förster, Waldarbeiter, Straßenbau, Gartenbau, Landschaftsbau, Biologe

Zeit bis zu 2 Jahren

Gesundheit
langwierige Krankheit, keine schnelle Heilung möglich

36 HOFFNUNG

Symbol
Sehnsucht & Spiritualität

Art
Themenkarte
Entfernungskarte: ab 1000 km

positiv

Schlüsselwörter
Ausland, Horizont, Illusionen, Spiritualität, Emotionen, Übersee, Träume, Ideal, Schönheit, Perfektion, Sucht

Eigenschaften
idealistisch, dauerhaft, vergesslich, hoffnungsvoll, gefühlvoll, sensibel, kreativ, feinfühlig, hellsichtig

über HP – denkt an das Ausland
unter HP – ist illusioniert bei …
vor HP – man hat große Hoffnung
hinter HP – man ist sehr realistisch

Berufshaus
Arbeit in Verbindung mit und am Menschen, Spiritualität, Fremdsprachen, Wellness

Berufe
alle Berufe im Bereich der Spiritualität: Jenseitskontakte, Geistheiler, Reiki, Hellseher; Auslandsreisen, Dolmetscher, Massagetherapeut, Aromatherapeut

Zeit   nachts bis in die Morgenstunden

Gesundheit
Magen- und Darmbereich, chronische Krankheiten

HAUPTKARTEN MIT DEN
NUANCEN

KINDER

Symbol
Kind
Baby
Alter 0 Jahre bis 5 Jahre

Symbol
Ehefrau

Kinderkarte
Alter 6 Jahre bis 9 Jahre

Symbol
Jugendliche
Alter 10 Jahre bis 19 Jahre

Symbol
Militär

Jugendlicher
Alter 10 Jahre bis 19 Jahre

LIEBE & FREUNDSCHAFT

Symbol
Liebe

Harmonie, Frieden, Partnerschaft,
Vermittler zwischen den Welten, Bote Gottes

37 TREUE

Symbol
Freundschaft & Freundeskreis (mit männlicher Person)
Tierkarte: Vertrauen, Loyalität, Instinkt

38 FREUNDIN

Symbol
Freundschaft & Freundeskreis (mit weiblicher Person)
Romantik, Reinheit, Vergessen, Ehrlichkeit,
Ordnung, innerer Frieden

39 LIEBENDE

Symbol
Liebe & Bekanntschaften
Personenkarte: Geliebte, Schwägerin, Schwiegertochter
Alter 20 bis ca. 39 Jahre

40 LIEBENDER

Symbol
Liebe & Bekanntschaften
Personenkarte: Geliebter, Schwager, Schwiegersohn
Alter 20 bis ca. 39 Jahre

FALSCHHEIT

Symbol
Falsche Sache

41 FEINDIN

Symbol

weibliche Person - Rivalin
Intrigen, Hinterlist, Betrug

42 FEIND

Symbol

männliche Person - Detektiv
Spionage, Indizien, Misstrauen

ARBEIT

Symbol
Arbeit & Praxis
handwerkliche Arbeit,
Tätigkeiten, die Kraft und Ausdauer benötigt
Berufshaus: Arbeitsvertrag

43 DIENERIN

Symbol
Arbeit & Dienstleistung
Tätigkeiten, die Feingefühl und Takt erfordern
Berufshaus: Angestelltenverhältnis

Symbol
Karriere & Theorie

Studium, Wissenschaft, Lehrstuhl,
Wirtschaft, Pension
Berufshaus: Angestelltenverhältnis

Symbol
Selbstständigkeit & Führungspositionen

Freiberufliche Tätigkeit
Berufshaus: auf eigene Verantwortung arbeiten

GESUNDHEIT

Symbol
Stress & Unwohlsein

kurze Krankheit, Unpässlichkeit; Rückzug

Zeit
8 bis 14 Tage

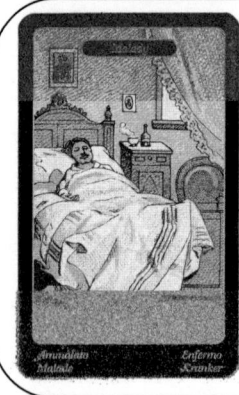

44 KRANKER

Symbol
Krankheit
lange Krankheit, ans Bett gefesselt, Krankenhaus

Zeit
2 bis 6 Wochen

KOMMUNIKATION

Symbol
Rendezvous & Wiedervereinigung

Treffen von 2 Menschen

45 HEITERKEIT

Symbol
Familienfeier & Party

46 KONVERSATION

Symbol
Versammlungen & Konzerte

Dialog, Diskussion, Austausch, Freundeskreis

47 FRÖHLICHKEIT

Symbol
Rituale & Freude

Triumph, Erfolg, Kunst, Ausdruck,
Dankbarkeit, Genesung, Fröhlichkeit, guter Ausgang

MELANCHOLIE

Symbol
Blockade & Psyche

3 bis 6 Monate

48 SEUFZER

Symbol
Traurigkeit & Rückzug

Kurzes Innehalten, Erinnerung
1 bis 3 Monate

49 UNHEIL

Symbol
Aggression & Impulsivität

plötzlich, unerwartet, unberechenbar

CHARAKTER

50 HOCHMUT

Symbol
Stolz & Arroganz

Eitelkeit, Langlebigkeit, Schönheit, Reichtum,
Leidenschaft, Eigenliebe, Wandlung

51 LEICHTFERTIGKEIT

Symbol
Kreativität & Zartheit

Wiedergeburt, Auferstehung, Hoffnung,
Unsterblichkeit (Seele der Toten)

52 GENIESSER

Symbol
Fröhlichkeit & Ausgelassenheit

Freundschaft, Zugehörigkeit, Verbundenheit,
Kameradschaft, Unterstützung

LEGESYSTEME

DAS KELTISCHE KREUTZ

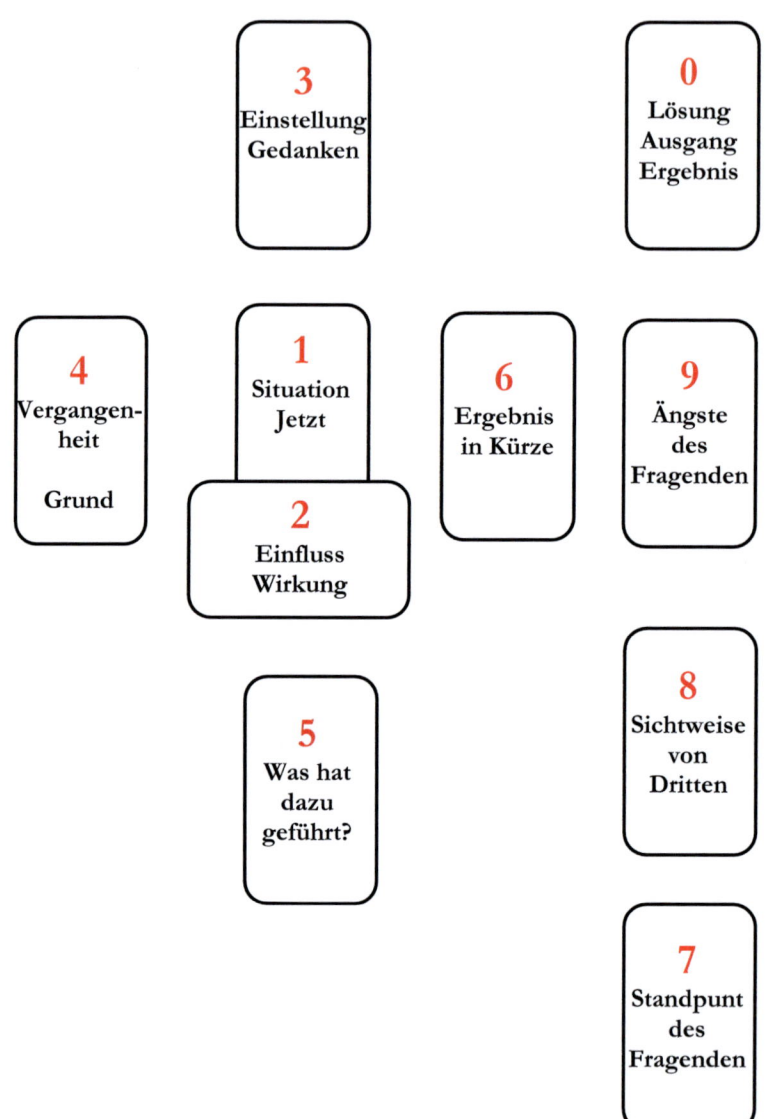

DAS ZIGEUNER TALON

1. Talon
Was betrifft mich direkt?

2. Talon
Was fürchte ich?

3. Talon
Was unterstützt mich?

4. Talon
Was kommt auf mich zu?

5. Talon
Was will ich nicht wahr haben?

DIE ENTSCHEIDUNG

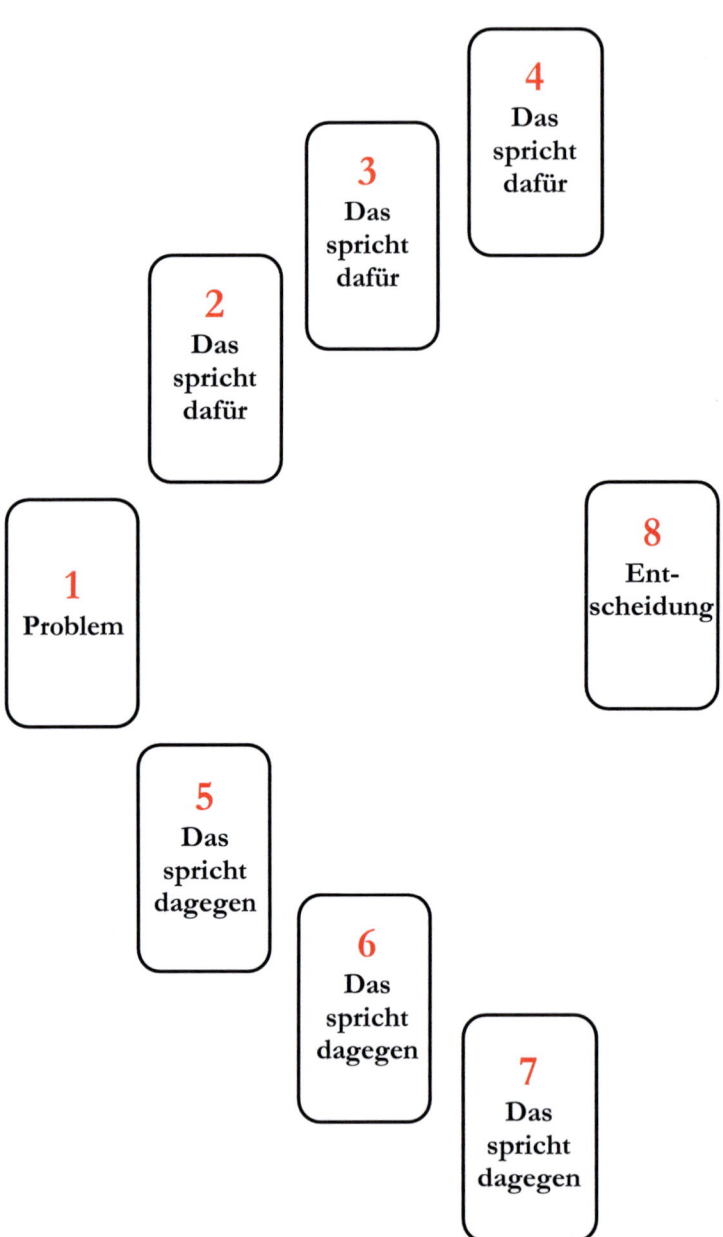

SCHLUSSWORT

Die spirituelle Lebensberatung ist eine energetisch verantwortungsvolle Arbeit. Sie unterscheidet sich von der ganzheitlichen Lebensberatung bzw. dem Coaching im Wesentlichen durch die universellen geistigen Gesetze und deren praktischen Anwendung. Die Verantwortung des Kartenlegers liegt in der geschulten Wahrnehmung seiner Intuition und der tiefen Kenntnis seiner Hilfsmittel sowie der eigenen positiven, vorbildhaften Lebensführung. Auch er ist ein ständig Lernender in diese Welt. Der Fragende sucht Vertrauen und braucht dafür einen diskreten und geschützten Raum, damit alle Themen ansprechbar sind.

Für die spirituelle Beratung mit Karten gebe ich Ihnen hier gerne meine **Goldenen Regeln** weiter:

1. Lege die Karten nur bei voller Gesundheit.
2. Stimme Dich auf die Kartenlegung ein.
3. Der erste Gedanke ist die Intuition.
4. Das Kartenbild ist eine Momentaufnahme des Unterbewusstseins des Fragenden.
5. Die Geistigen Gesetze gelten für jeden Menschen.
6. Die Problemlösung liegt im Fragenden selbst.
7. Entscheidungen fürs Leben trifft der Fragende.
8. Geld ist Energie und spirituelles Lehrmittel.
9. Notiere Deine Kartenverbindungen.
10. Neutralisiere die Karten nach jeder Legung.

Ich wünsche Ihnen viel Erfolg beim Kartenlegen!

Ihre

Gerda Zip-Tofilej

ZIGEUNER ORAKELKARTEN

6-Tage-Ausbildung

In diesem Seminar erlernen Sie das Deuten der Zigeuner Orakelkarten mit Hilfe des Kartenlegesystems nach alter Zigeunertradition. Sie bekommen auf einfacher und praktischer Grundlage das Kartendeuten vermittelt, um den Beruf des Kartenlegers bzw. der Kartenlegerin erfolgreich auszuüben. Am Ende der Ausbildung erhalten Sie ein Zertifikat.

Seminar 1: Anfänger (2 Tage)
- Einzelbedeutung der 36 Karten
- Intuition und Bildersprache
- Darstellung der Karten nach Charakter, Zeit, Beruf, Symbolik, Gesundheit
- Personenkarten mit Altersangabe
- Kartenkombinationen
- Übungen mit kleinen Legesystemen

Seminar 2: Fortgeschrittene (2 Tage)
- Deuten des großen Kartenbildes nach Zigeunermethode
- Vergangenheit – Gegenwart – Zukunft
- Eckkarten, Zentrumskarte, Schicksalskarte
- 4-Häuser-Methode
- Korrespondenz-, Themen- und Zeitkarten
- Eindeutige Aussagen durch Spiegel und Rösseln
- Blockaden im Kartenbild finden
- Waagerechte, senkrechte und diagonale Kartendeutung
- Praktische Übungen

Seminar 3: – Professional (2 Tage)
- Wiederholung und Festigung der Kenntnisse von Modul 1 + 2
- Einzelbedeutung von 16 Karten und Generationen der Personenkarten
- 36-Häuser-Methode mit Vorlage und legen mit 52 Karten
- Praktische Übungen
- Sinn, Ethik und Philosophie der Lebensberatung

Unterlagen: 3 illustrierte Seminarmappen, Kartenset, Zertifikat

Carola Riß-Tafilaj
Zieblandstr. 47, 80798 München
Anfragen: +49 (0) 89 54243625
Email: info@kipperkarten-seminare.de

AUS DEM VERLAGSPROGRAMM

Carola Riß-Tafilaj
Muskelrelaxation nach E. Jacobson
Übungen zur ganzheitlichen Tiefenentspannung
ISBN 978-39813645-8-3

Tiefenentspannung bedeutet auch Wellness für die Seele. Diese CD verhilft Ihrem Körper mit einfachen Übungen zu progressiver Muskelentspannung.

Viel zu oft wird heute übersehen, wie sehr sich jeder von uns nach Oasen der Entspannung sehnt. Doch um der modernen Volkskrankheit Burnout entgegenzuwirken, kommt niemand von uns ohne bewusste Entspannung aus.

Auf dieser Entspannungs-CD bringt Carola Riß-Tafilaj als Autorin und Sprecherin dem Hörer eine Therapie nahe, welche Edmund Jacobson bereits 1908 an der Harvard University zu entwickeln begann.

Gerade heute ist es wichtig, bewusst entspannen zu können, um so gegen alltägliche Schwierigkeiten besser gewappnet zu sein. Mit Ihren Übungen zur ganzheitlichen Tiefenentspannung zeigt Sie Möglichkeiten auf, wie mithilfe einfacher Übungen eine progressive Muskelentspannung zu erreichen. Durch kurze gezielte Anspannung im Wechsel mit der Entspannung verschiedener Muskelpartien finden Sie schnell und überraschend einfach zu einem völlig neuen Körpergefühl.

Lernen Sie, jede einzelne Faser Ihrer Muskeln ganz bewusst wahrzunehmen. Im völligen Einklang sind Körper und Geist imstande Berge zu versetzen.

Die Audio-CD „Muskelrelaxation" nach E. Jacobson ist im Buchhandel, als Download und beim Label FREQUENZIA erhältlich.

Text und Sprecherin: Carola Riß-Tafilaj
Musik: © by Suzanne Teng und Gilbert Levy, www.suzanneteng.com
Label: FREQUENZIA MUSIK WORLD, www.frequenzia.biz

AUS DEM VERLAGSPROGRAMM

Caroline DeClair
Wer bin ich – Abenteuer Selbsterkenntnis
Ein psychologisch-mystischer Ratgeber für Frauen
Paperback, 220 Seiten

Fragen auch Sie sich von Zeit zu Zeit, warum Sie sich so oder so verhalten, in bestimmten Situationen auf bestimmte Art reagieren und manche Dinge mögen und andere nicht? Welche Stärken und Schwächen, welche Einflüsse, Wünsche, Sehnsüchte und Bedürfnisse, aber auch Abgründe machen Sie zu der Frau, die Sie sind?!

Am Anfang jeder Selbsterkenntnis steht die Frage nach dem eigenen Ich. Machen Sie sich auf den Weg und finden Sie es heraus!

Es macht richtig Spaß mit diesem Buch zu arbeiten! In den Charakterisierungen der unterschiedlichsten psychologischen und mystischen Systeme kann sich jede Frau in all ihren Facetten wiederfinden.

Ob frau den Weg der Selbsterkenntnis allein für sich geht, mit der besten Freundin oder dem Lebenspartner oder ob einzelne Tests in fröhlicher Runde gemacht werden, immer ist es ein spannendes Abenteuer, sich Stück für Stück selbst zu entdecken.

ISBN: 978-6-944513-00-3   eBook: 978-3-9814341-8-7

Wort + Ton Verlagshaus
Nymphenburger Str. 4
80335 München
Telefon: 089/28890215
Telefax: 089/2889045
Email: info@wort-ton-verlagshaus.de

KÖNIGSFURT URANIA

Lenormand

Mystisches Lenormand
Fiechter, Regula Elizabeth /
Trösch, Urban
36 Karten, 57 x 89 mm
ISBN 978-3-03819-041-7

Mystisches Lenormand - Lernkarten
Fiechter, Regula Elizabeth
36 Lernkarten + 11 Anleitungskarten =
47 Karten, 95 x 140 mm
ISBN 978-3-86826-701-3

Lenormand - Blaue Eule
Lenormandkarten mit Kartenabbildungen
36 Karten, 56 x 87 mm
ISBN 978-3-905017-03-8

Lenormand Orakelkarten mit Versen
36 Karten, 53 x 85 mm
ISBN 978-3-89875-779-9

www.koenigsfurt-urania.com
Wir unterstützen den Ersten Deutschen Tarotverband (Tarot e. V.): www.tarotverband.de